Vente du Mardi 22 Mars 1864

COLLECTION DE MADAME LA DUCHESSE DE B***

MANUSCRITS

TRÈS-PRÉCIEUX

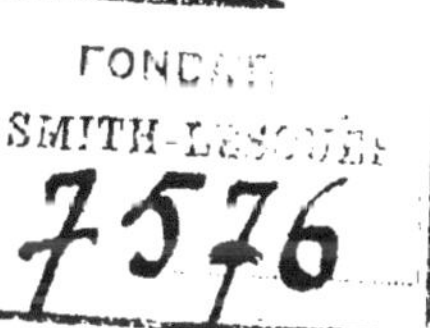

Me Ch. PILLET, Commissaire-Priseur

MM. MANNHEIM, Experts

CATALOGUE

DE

MANUSCRITS

TRÈS-PRÉCIEUX

DU XIIIe AU XVIIIe SIÈCLE

AYANT APPARTENU A

Marguerite de Valois,
Henri II, Louis XIII, Marie Leczinska, etc.,

LE LIVRE D'HEURES DE HENRI II ET DE CATHERINE DE MÉDICIS

AU CHIFFRE DU ROI ET DE LA REINE

Contenant cinquante-cinq Portraits, notamment ceux de :

Louise de Savoie, François Ier, Claude de France, Henri II,
Catherine de Médicis, François II, Marie Stuart,
Charles IX, etc.

COMPOSANT LA COLLECTION

DE MADAME LA DUCHESSE DE B***

DONT LA VENTE AURA LIEU

HOTEL DROUOT, SALLE N° 7

AU PREMIER

Le Mardi 22 Mars 1864

A DEUX HEURES

Par le ministère de Me **CHARLES PILLET**, Commissaire-Priseur,
rue de Choiseul, 11,

Assisté de MM. **MANNHEIM**, Experts, rue de la Paix, 10,

Chez lesquels se distribue le présent Catalogue.

EXPOSITIONS { PARTICULIÈRE, le Dimanche 20 Mars 1864,
PUBLIQUE, le Lundi 21 Mars 1864,

de une heure à cinq heures.

CONDITIONS DE LA VENTE

Elle sera faite au comptant.

Les acquéreurs payeront, en sus des adjudications, *cinq pour cent*, applicables aux frais.

Paris. Imp. PILLET FILS AÎNÉ, rue des Grands-Augustins, 5.

La Collection que l'on offre présentement au public se recommande par plus d'un genre d'intérêt. Parmi toutes celles qui ont été mises aux enchères depuis le commencement de ce siècle, aucune n'offre en si peu d'articles une réunion d'ouvrages aussi recommandables, tant par leur provenance que par leur ornementation. L'origine, en effet, de ces manuscrits, et les miniatures qui les décorent, tels sont les deux points sur lesquels nous appelons l'attention. Quant à leur provenance immédiate, nous n'avons rien à en dire, sinon que la plupart portent sur leur premier feuillet cette signature autographe : *Duchesse de Berry*. Si maintenant on veut rechercher leurs premiers possesseurs, on trouvera que plusieurs d'entre eux ont appartenu à des personnes royales. On les verra décrits dans les premières pages de ce Catalogue. Citons par avance les *Heures* de Henri II et de Catherine de Médicis (nº 1), qui paraissent bien avoir été exécutées pour Henri II, puisqu'il s'y trouve des prières spécialement destinées à un roi, mais qui ont reçu particulièrement à la mort de ce prince le plus grand nombre des miniatures dont elles sont ornées. Mentionnons aussi le livre offert à Louise de Savoie et à sa fille Marguerite de Valois, par un de leurs protégés, les *Exercices de pénitence* d'Anne d'Autriche, et deux livres de prières qui ont appartenu à Marie Leczinska.

Ce qu'il y a à dire de l'ornementation de ces manuscrits ne peut s'exprimer aussi brièvement. Du XIIIe au XVIIIe siècle, la présente collection offre une série très-variée de types en général excellents. C'est d'abord la *Bible*, classée sous le nº 7; sans doute elle fut exécutée pour quelque riche personnage, car la décoration en est somptueuse eu égard à la sobriété d'ornements qui se remarque dans les manuscrits du XIIIe siècle par comparaison avec ceux des siècles suivants. Il n'y a point, à proprement parler, de miniatures, d'histoires, pour employer le terme ancien, mais de grandes initiales ornées où est représenté tantôt, comme dans beaucoup de bibles de ce temps là, un personnage écrivant, tantôt une scène empruntée au livre dont l'initiale fait partie. Comme dans les vitraux de la même époque, les sujets sont simplement indiqués par la représentation des personnages; du reste, nulle préoccupation du milieu dans lequel ils doivent se mouvoir, nulle connaissance de la perspective. Ainsi, dans le duel de David et de Goliath, que représente l'initiale du premier livre des Rois, les combattants sont assez près pour se toucher, et néanmoins David a pu lancer une pierre que l'on voit frappant au front le géant. Jonas rejeté par le poisson est figuré d'une façon encore plus étrange. Un gros poisson vert, presque debout, est adossé à l'un des côtés de l'initiale où la scène est représentée; de sa gueule ouverte sort à demi le prophète, qui de ses deux mains saisit une branche d'un arbre fantastique planté devant lui. A cette époque, les couleurs appliquées par couches épaisses et toujours vives et tranchées ont un relief étonnant; dans les lettres simplement ornées, on ne saurait trop louer le gracieux entrelacement des rinceaux, dont les teintes variées ressortent brillamment sur un fond éclatant d'or bruni.

Au XIVe siècle la miniature se développe; les sujets sont traités d'une façon plus complète et qui laisse à l'imagination du spectateur moins de choses à suppléer. La collection de madame la duchesse de B*** ne contient qu'un seul type de cette époque, et encore faut-il le rejeter vers les dernières années du XIVe siècle; c'est l'*Histoire ancienne* inscrite sous le n° 8. Les miniatures y dénotent une science véritable du dessin, d'autant plus appréciable, qu'elles sont à peine teintées, ce sont de simples esquisses. A la même époque, dans les miniatures proprement dites, dans celles qui étaient complétement coloriées, les fonds étaient formés par une mosaïque de couleurs, dont les éléments, toujours très-petits, étaient disposés tantôt en échiquier, tantôt en losanges, etc. Cette ordonnance apparaît encore pendant une bonne partie du xve siècle, et se retrouve dans plusieurs de nos livres d'heures (17, 22, 23). Mais vers le temps de Louis XI, la miniature, suivant la même marche que la peinture sur verre, devient un tableau véritable avec ses personnages accessoires, ses plans divers, se confondant au fond avec le ciel bleu. L'école de Fouquet, qui eut la plus grande part à cette transformation, est ici représentée par un beau spécimen (le n° 14), qui à la vérité n'offre pas la perfection qu'on remarque dans les œuvres du maître, les *Antiquités de Joseph*, par exemple, ou les Heures d'Etienne Chevalier, mais où l'influence du célèbre peintre de Louis XI se fait néanmoins sentir.

Cette collection contient aussi quelques types étrangers. La peinture allemande du xve siècle est représentée par les *Heures* inscrites sous le n° 28; l'exécution en est assez bonne, mais les types en sont d'une vulgarité dont les manuscrits français ou italiens du même temps n'offrent point l'exemple.

Par contre on admirera dans un livre d'heures probablement italien (n° 18), la délicatesse extrême de l'ornementation, le fini achevé des plantes, des insectes qui décorent les bordures et se détachent sur un fond d'or, non plus bruni comme au xve siècle, mais appliqué au pinceau; le doux éclat de ce fond semble encore tempéré par les ombres que projettent les fleurs qui y sont éparses et les papillons qui s'y viennent reposer.

De charmantes peintures en camaïeu ornent les heures inscrites sous le n° 25, et qui appartiennent au temps de François Ier ; on pourra les comparer avec les camaïeux du livre d'Anne d'Autriche (n° 4), et l'avantage restera sans doute à la miniature du XVIe siècle.

Mais l'objet capital de cette collection, celui où l'intérêt historique s'allie à une valeur artistique inappréciable, c'est le livre d'heures qui, exécuté sans doute pour Henri II, fut enrichi depuis sa mort, par Catherine de Médicis, d'une série non interrompue de portraits, et plus tard, au XVIIe siècle, de plusieurs médaillons, dont trois paraissent devoir être attribués à Petitot[1]. Ce petit volume, relié en maroquin et enrichi d'ornements et de chiffres en or émaillé, est à lui seul un véritable musée, et l'exactitude des portraits qui le composent ne peut être contestée ; elle est mise hors de doute, non-seulement par leur provenance, mais aussi par leur perfection et par la comparaison avec les autres portraits qu'on a des mêmes personnages. Sans que l'on puisse se prononcer d'une façon absolue à cet égard, il est permis de croire que celles de ces figures qui forment une série numérotée et qui ont été exécutées en vue du manuscrit, sont de la main d'un peintre de la Cour, et, selon toute vraisemblance de l'un des Clouet.

Je ne veux point développer outre mesure cet avant-propos, et je pense avoir montré que les manuscrits de madame la duchesse de B***, soit qu'on les envisage au point de vue de leur provenance, soit que l'on considère le mérite de leur ornementation, présentent un très-vif intérêt.

PAUL MEYER.

1. Ces deux séries se distinguent nettement : les portraits qui appartiennent à la première sont placés dans des encadrements ménagés à cet effet, et numérotés 1 à 33 ; tandis que ceux de la seconde sont de formes variées et répandus au hasard dans tout le volume.

MANUSCRITS

1 — Le Livre d'Heures du roi Henri II et de la reine Catherine de Médicis. Haut. 10 cent., larg. 7 cent.

Reliure en maroquin rouge. enrichie d'écoinçons fleurdelisés, d'attaches et de médaillons en or finement ciselé et émaillé. Chacun des écoinçons porte en relief les lettres enlacées H et CC, monogramme de Henri II et de Catherine de Médecis. Les médaillons présentent à leur centre une Bonne Foi émaillée blanc, tenant une S (Semper?) émaillée bleu, entourés d'un ruban qui porte la légende suivante :

FIRMUS AMOR JUNCTÆ ADSTRINGUNT QUEM VINCULA DEXTRÆ.

Le dos du volume porte les chiffres dorés de Henri et de Catherine.

Ce manuscrit, unique tant sous le rapport historique qu'au point de vue de l'art, contient, outre les prières ordinaires, des oraisons spéciales en français, telles que : *Oraison du matin que doit faire un gran roy gouvernant son pays. — Quand quelque gran affaire se présente pour le gouvernement du royaume*, etc.

Chaque page est encadrée dans une bordure, dont les dessins en couleur, variés à l'infini, sont semés de fleurs de lis.

Il renferme **cinquante-cinq Portraits de membres de la Maison de France,** peints en miniature et d'une exécution très-remarquable, dont la réunion constitue un monument iconographique du plus haut intérêt.

Ces portraits peuvent se diviser en deux séries distinctes, savoir : 1° les portraits qui ont été spécialement exécutés pour le volume, et 2° ceux qui y ont été insérés successivement.

Nous donnons, ci-après, la liste des portraits de la première série, en suivant l'ordre qu'ils occupent dans le volume et en nous servant à cet effet d'indications manuscrites, rapportées et fixées dans l'ouvrage par une main du XVIIe siècle :

LOUISE DE SAVOYE, *mère de François Ier, qui fut régente en France.*

Les enfants masles de François Ier, sçavoir :

HENRY SECOND *et dauphin.*

FRANÇOIS, *qui mourut à Tournon.*

CHARLES, *duc d'Orléans, qui mourut de peste à l'abbaye de Farmoustier, pendant le siége de Boulogne par les Anglais.*

LE DUC DE SAVOYE, *qui gagna la bataille de Saint-Quentin.*

Ces quatre portraits sont peints sur une même feuille.

Sur une autre feuille, en regard de celle qui précède, se trouvent six portraits, savoir :

LA REINE CLAUDE DE FRANCE, *fille de Louis XII, femme de François Ier, avec :*

LA REINE ÉLÉONORE D'AUTRICHE, *sa seconde femme et les trois filles dudit roy, sçavoir :*

MARIE, *qui mourut jeune.*

MADELAINE, *reine d'Écosse.*

MARGUERITTE, *duchesse de Savoye.*

Et le portrait d'une enfant dont le nom n'est pas indiqué.

MARGUERITE D'ORLÉANS, *duchesse d'Alençon et depuis reyne de Navarre, sœur de François Ier et grand'mère du roy Henry IV.*

LE ROY FRANÇOIS PREMIER

FRANÇOIS PREMIER

RENÉ, *duc d'Alençon.*

**

FRANÇOIS SECOND *et*

MARIE STUART, *reyne d'Écosse, sa femme.*

CHARLES-MAXIMILIEN DE FRANCE, *duc d'Orléans, second fils de Henri II, roy de France, et ses deux filles bessonnes, qui moururent peu de temps après leur naissance.*

LE ROY CHARLES IX *et*

ELISABETH D'AUTRICHE, *sa femme.*

CHARLES IX, *roy de France.*

CHARLES, *duc d'Alençon, premier prince du sang, beau-frère du roy François Ier, qui avait espouzé Marguerite d'Orléans, sa sœur.*

PHILIPPE II, *roi d'Espagne et*

ELISABETH DE FRANCE, *sa femme, qu'on appella en Espagne, Elisabeth de la Paix.*

HENRY IV, *estant roy de Navarre avec la reyne*

MARGUERITE DE FRANCE, *sa femme, fille de Henry second et sœur des roys François second, Charles neuf et Henry troisième.*

ANTOINE DE BOURBON, *roi de Navarre et*

JEANNE D'ALBRET, *sa femme, père et mère de Henry IV, roy de France et de Navarre.*

JEUNE PRINCESSE, dont nous ne possédons pas le nom.

LA FILLE DU ROY CHARLES IX, *qui mourut fort jeune au château d'Amboise.*

LA DUCHESSE DE LORAYNE, *qui estoit de la maison de Danemark, nièce de l'empereur Charles cinquiesme.*

LE DUC D'ALENCON, *estant jeune, frère du roy Henry III.*

FRANCOIS, *fils de France, duc d'Anjou et d'Alençon, frère unique du roy Henry III.*

A cette première série doivent s'ajouter les portraits de :

HENRI II *et de*

CATHERINE DE MÉDICIS.

Placés l'un au commencement, l'autre à la fin du volume, dans deux cases prises dans l'épaisseur de la reliure et fermant à volets de maroquin rouge qui portent sur leurs deux faces les chiffres dorés de Henri et de Catherine.

Ci-après nous donnons la liste des portraits qui composent la deuxième série en suivant, comme pour la première, l'ordre dans lequel ils sont placés dans l'ouvrage, et en nous servant des indications manuscrites du XVIIe siècle, dont il a été parlé plus haut.

MARIE STUART, petite miniature ovale placée sur le premier feuillet de garde.

MARIE DE LUXEMBOURG, *Bisayeule de Henry IV, qui avait fait bâtir le chasteau de la Ferre et celuy de Vendosme.*

Miniature fixée sur le premier feuillet resté blanc du volume.

LA REINE CATHERINE DE MÉDICIS, *qui avait été régente en France, habillée en sainte Claire.*

Miniature carrée, fixée sur une feuille non écrite du volume.

LA MÈRE D'EMANUEL DE LORAYNE, *duc de Mercœur, qui estoit de la maison de Savoye*

Miniature ronde, fixée sur une feuille rapportée.

M. LE DUC DE JOYEUSE, *pair et amiral de France, beau-frère du roy Henri III.*

Miniature ovale fixée, comme celle qui précède, sur une feuille rapportée.

PHILIPPE-EMMANUEL DE LORAYNE, *duc de Mercœur, frère de la reyne Louise.*

Miniature ovale fixée à la fin d'un chapitre.

LE ROY HENRY TROISIÈME.

Miniature ovale dont les bords ont été coupés, fixée sur une feuille rapportée.

LE ROY HENRY III *et*

LOUISE DE LORAYNE, *sa femme.*

CLAUDE DE FRANCE, *duchesse de Lorraine, fille de Henry second.*

CÉSAR DUC DE VANDOSME, *pair et admiral de France, premier né d'Henry le Grand.*

FRANCOISE DE LOREINE, *fille unique de Philippe-Emmanuel, duc de Mercœur, femme de César, duc de Vendosme.*

FRANCOIS DE VANDOSME, *duc de Beaufort, pair et admiral de France.*

MARIE-FRANCOISE-ELISABETH DE SAVOYE, *reine de Portugal.*

MARIE-JANE-BAPTISTE DE SAVOYE, *duchesse de Savoye.*

Les cinq miniatures qui précèdent sont fixées sur quatre feuilles rapportées, mais non adhérentes au manuscrit. Les portraits de *François de Vendosme*, de *Marie-Françoise-Élisabeth de Savoye* et de

Marie-Jean-Baptiste de Savoye ont été sans aucun doute exécutés par PETITOT.

LA REYNE CATHERINE DE MÉDICIS, *agée de* 68 *ans.*

Miniature ovale fixée sur une feuille rapportée.

MARIE STUART, *reyne d'Écosse et douairière de France, estant vefve du roy François second.*

Miniature ovale fixée sur une feuille rapportée.

MADAME DE MARTIGNAC, *mère de madame la duchesse de Mercœur.*

Miniature ovale fixée sur une feuille rapportée.

LA REYNE LOUISE, *lorsqu'elle fut mariée à Henry troisième, roi de France.*

Miniature ovale rapportée.

LE ROY HENRI II.

Miniature ronde fixée sur une feuille rapportée.

LA REYNE CATHERINE DE MÉDICIS, *estant jeune alors qu'elle fust mariée à Henri, duc d'Orléans, qui fut depuis roy de France.*

Miniature ovale fixée sur une feuille rapportée.

---

2 — **Orationes devotissime** *ad illustrissimam piissimamque dominam christianissimi Francorum regis matrem dedicate.* Vélin, in-8°, rel. en maroquin rouge. Avant 1531.

Ce précieux manuscrit a été exécuté pour Louise de Savoie, mère de François Ier et pour sa fille Marguerite de Valois. La preuve en est fournie tant par le titre en forme de dédicace qui vient d'être rapporté que par les vingt-neuf miniatures dont ce volume est orné. Dans la dernière on voit le donateur à genoux présentant son livre à Marguerite, et on y lit cette légende écrite en lettres d'or sur fond de pourpre : *Illustrissima piissimaque domina, rex christianissimus germanus tuus, divino usus exemplo in psalmo notato : Humilia respiciens a terra me inopem et de stercore, tua clementia intercedente, erexit pauperem, interque populi sui judices collocavit, pro quo sit tibi spes et remuneratio Jhesus. Deus laudetur.* Ce Livre d'heures a donc été offert à la mère et à la sœur de François Ier par un de leurs protégés. La première miniature contient l'écu de France entouré de cette légende : *O nobile ternarium, regis, matris et sororis unum est desiderium.* La seconde représente Marguerite de Valois, François Ier et Louise de Savoie agenouillés. L'écu de ces personnages est placé dans l'encadrement de la page et près de chacun d'eux : les armes de France pour François Ier, les armes de France parties d'Alençon pour Marguerite, les armes de Savoie parties d'Angoulème pour Louise. Dans le plus grand nombre des miniatures qui suivent on voit figurer Marguerite de Valois. La neuvième nous la représente accompagnée de son premier mari, Charles IV duc d'Alençon ; d'où l'on peut conclure que celui-ci vivait encore lorsque ces heures ont été enluminées et en place l'exécution avant 1525. En tout cas, comme elles sont dédiées à Louise de Savoie, elles ont dû être exécutées antérieurement au 22 septembre 1531, époque de sa mort. Les pages sont entourées d'une cordelière sur laquelle ont lit IHS. M. SPES MEA, et au bas est dessinée une marguerite. Trois feuillets manquent.

3 — **Prières chrestiennes.** Vélin, in-8°. Bordures découpées, magnifique reliure à mosaïque. Commencement du XVIIe siècle.

En tête de ce volume sont insérées neuf miniatures du XVe siècle, découpées dans un livre d'Heures. Le frontispice représente David au centre d'un portique en style de la Renaissance. Le manuscrit se compose de quarante-six feuillets encadrés d'une large bordure découpée à jour et alternativement blanche et coloriée. La variété de ces dentelles pratiquées à l'emporte-pièce dans le vélin est infinie; il est rare qu'un dessin se reproduise deux fois. Dans l'encadrement de certains feuillets apparaissent des fleurs de lys et les lettres B B A entrelacées; ailleurs on voit les monogrammes H S et M R. Indépendamment du frontispice, ce livre contient quinze miniatures et plusieurs médaillons disposés dans les marges. Il renferme la traduction en vers de plusieurs psaumes et quelques prières en vers. Les premiers vers sont ceux-ci :

Sus, sus mortels, venez m'entendre
La règle je vous veux apprendre
Pour Dieu saintement reverer;
L'homme veult il longuement vivre
Plein de biens, de soucys delivre
Et veoir tous ses jours prospérer.

Au verso du dernier feuillet on lit ces vers

Si bene composui moros Christique fidele
Obsequium sacris legibus exhibui,
Si nulli nocuus mala vitans optima legi
ME MANET ex vero nomine VERA SALUS.

Les mots en capitales doivent renfermer en anagramme le nom du destinataire du livre.

4 — **Exercice de Pénitence dédié à la Reine.** In-8° vélin, bordures découpées; magnifique reliure à compartiments et au chiffre de Louis XIII et d'Anne d'Autriche.

Orné de nombreuses miniatures dont plusieurs en camaïeu; initiales en couleur, culs-de-lampe. L'écriture est une cursive très-soignée. Les bordures découpées à jour, ainsi que la reliure, renferment les monogrammes souvent répétés : A. L. (Anne-Louis), A. M. (Anne-Marie), A. A. (Anne d'Autriche). On y voit aussi deux B entrelacés et renfermant dans leurs courbes des fleurs de lys. Diverses devises apparaissent en découpure dans l'encadrement des pages : *Un Dieu, une loy, une foy, un roy; — vive le roy; —Louys le juste ;— sagittæ tuæ acutæ populi sub te cadent in corda inimicorum regis.* A la fin du volume se trouvent plusieurs oraisons à Saint Louis.

5 — **Prières de la Messe**, écrites par Rousselet. A Paris, M.DCC.XXV, in-8 ; rel. en mar. à compartiments et au chiffre de Marie Leczinska.

Orné de deux miniatures représentant Jésus au Jardin des Olives et le Crucifiement; frontispice à encadrement, vignettes, lettres ornées, culs-de-lampe.

6 — **Prières durant la Messe**. Vélin, 106 ff. numérotés, in-8; rel. en mar. brun avec encadrement et fermoir de cuivre. 1737.

Ce livre, écrit en caractères romains, est orné de deux grandes miniatures et de vingt-quatre vignettes. Les deux miniatures représentent Jésus au Jardin des Olives et les disciples d'Emmaüs; elles sont signées *N. Chasteau pinxit.* Sur le feuillet qui précède le titre, on lit : *Ce livre apartient à la Reine,* 1737. Une note, placée dans

***

le volume, nous apprend que ce manuscrit fut offert à la reine Marie Leczinska par le cardinal Fleury en 1737; qu'en 1768 la reine le donna à sa fille madame Sophie; qu'après la mort de celle-ci, il resta en possession du sieur Chatelain, son valet de chambre et son bibliothécaire; qu'enfin il fut acquis par l'auteur de la note, Gaspard Roubaty, ancien cent-suisse. Il a figuré sous le n° 18 dans la vente Galitzin, en 1825.

7 — **Biblia latina.** Vélin, in-4°, à deux col.; relié en maroquin rouge à filets. XIIIe siècle.

Cette Bible appartenait au siècle dernier à l'abbaye de Saint-Acheul, ainsi que l'indiquent ces mots inscrits sur une des gardes et lisibles encore bien que très-effacés : *Ex libris Sancti Acheoli.* Mais elle n'y était pas depuis longtemps, car sa reliure, qui paraît se rapporter au règne de Louis XIII, est certainement antérieure à son arrivée à Saint-Acheul. Au dos se lit un monogramme dans lequel on distingue les lettres R. O. E. L'ornementation de ce volume est des plus remarquables; la première lettre de chaque livre est historiée ou richement ornée, et dans celles qui commencent les préfaces de saint Jérôme, apparaît presque constamment un religieux écrivant d'une main, tandis que de l'autre il maintient sont parchemin au moyen d'une sorte de grattoir. Dans l'initiale de la préface sur les livres des Rois, on voit au-dessus du personnage une tablette chargée de livres entassés sans ordre. L'*I* par lequel commence la Genèse (*In principio*, etc.), occupe toute la longueur de la page. Il est partagé en sept médaillons où on voit Dieu créant 1° les poissons, 2° les plantes, 3° les animaux, 4° l'homme, 5° la femme; les deux derniers sont occupés par la Tentation et par l'Expulsion d'Adam et d'Ève. L'initiale du livre de Josué (un *E*) contient, en neuf centimètres carrés, deux scènes différentes où figurent jusqu'à onze personnages dont six à cheval. Le costume des guerriers est bien celui que portaient les chevaliers au XIIIe siècle : le haubert ou cotte de mailles, à capuchon et à manches longues, et le heaume couvrant la face (Voy. notamment la miniature du livre des Juges, et celle du premier livre des Rois qui représente Goliath, atteint au front par la pierre de David). Les lettres initiales des chapitres sont alternativement rouges et bleues et ornées de filets.

Il manque un feuillet au livre de Judith; lacune qui remonte à une époque ancienne, car elle est indiquée dans une table écrite, vers la fin du xve siècle, sur l'une des gardes de la fin; on y lit : *Judith imperfectus.* L'initiale historiée du prophète Aggée a été coupée.

8 — **Histoire ancienne depuis la création jusqu'à Titus.** Vélin, gr. in-fol., grandes marges. Rel. en mar. bleu. Fin du xive siècle.

Vingt dessins rehaussés de couleurs et d'une bonne exécution; lettres ornées en grand nombre. — Pour le fond, cet ouvrage est très-analogue à une compilation dont la bibliothèque impériale possède un grand nombre d'exemplaires (fonds fr. 39-40, 64, 246, 251, etc.) et qui a pour sources principales la Genèse, Orose, Lucain, Salluste, Suétone, César. Toutefois il s'en distingue par de notables particularités. La compilation dont nous parlons est constamment divisée en deux parties : la première, souvent désignée dans les manuscrits sous le titre imparfait de « livre d'Orose, » conduit l'histoire du monde jusqu'à la mort de Crassus; la seconde intitulée tantôt « li fais des Romains, » tantôt « la vie Julius César, » est entièrement consacrée à César. Notre manuscrit, dont la rédaction est plus abrégée, ne présente aucune trace de cette division et poursuit l'histoire jusqu'à Titus. En outre, dans le « livre d'Orose, » l'histoire du peuple juif s'arrête à leur établissement dans la terre promise, ici elle se continue jusqu'à la destruction de Jérusalem. L'auteur, quel qu'il soit, de ce livre, s'est servi pour cette partie de son récit de l'*Historia scolastica* de Pierre le Mangeur, traduite à la fin du xiiie siècle, par Guiart des Moulins. Enfin, il a intercalé entre l'histoire d'Énée et celle des premiers temps de Rome, la traduction de plusieurs des héroïdes d'Ovide. Nous ne connaissons point d'autre exemplaire de cette rédaction.

9 — **Liber de vita Christi** (de Ludolphe le Chartreux). 3 vol. in-fol. vélin, à deux col.; relié en velours violet. xve siècle.

Orné d'un grand nombre de miniatures exécutées avec une grande finesse et généralement bien conservées; toutefois celles qui forment le frontispice du second volume sont en partie effacées. Les huit premiers feuillets du tome I ont été réparés, et il paraît en manquer sept au commencement du même volume. Il y a quelques piqûres au tome III. Lettres ornées; bordures à fonds d'or où sont figurés des rinceaux, des plantes, des animaux souvent fantastiques et grotesques. Le frontispice du tome III est remarquable; il est formé par une grande miniature représentant le crucifiement, autour de laquelle viennent se grouper treize miniatures plus petites où sont peintes les diverses scènes de la Passion. On voit sur le frontispice des tomes I et II, et sur la tranche de tous les trois, l'écu palé d'or et de gueules de la maison d'Amboise, surmonté de la croix épiscopale. Ce splendide manuscrit a figuré successivement à la vente Mac-Carthy (1815, n° 144) et à la vente Chardin (1823, n° 45).

10 — 1° **L'Instruction d'ung jeune prince pour se bien gouverner envers Dieu et le monde. — 2° Le Secret des secrets de Aristote, et l'envoya au roy Alixandre. — 3° Les Enseignemens que le bon roy saint Loys fist et escript de sa main et les envoia à la royne de Navarre sa fille**; vélin, in-4°, reliure du xvie siècle, mar. noir, fil. xve siècle.

Trois miniatures; les deux dernières sont de présentation; encadrements de feuillages, lettres ornées. Dans la bordure des miniatures un écu de gueules à la face d'argent, sous lequel on distingue la trace d'armoiries plus anciennes. Le fond de la première et de la deuxième miniature contient les lettres J B réunies par une cordelière et plusieurs fois répétées. Au XVIIe siècle, ce manuscrit appartenait à un certain Germain de Chancel, dont le nom apparaît en deux endroits; puis il fit partie de la bibliothèque de Claude-Bernard Rousseau, auditeur des comptes, dont les armes sont appliquées sur le plat intérieur de la reliure. Ce personnage est connu comme ayant été chargé de mettre en ordre le dépôt des terriers de la couronne constitué par édit de décembre 1691; il mourut en 1720 (voy. Brussel, *Nouvel examen de l'usage des fiefs*, I, VI, VII). Après sa mort le volume passa à l'abbaye de Saint-Martin de Laon, ainsi que le constate une note inscrite au bas du premier feuillet. Le premier des trois ouvrages qu'il contient est assez rare; la Bibliothèque impériale n'en possède qu'un exemplaire (fonds fr. 1216), qui est moins ancien que celui-ci. D'après le prologue, un vaillant chevalier des Marches de Picardie, ayant été jeté par la tempête sur les côtes de la Norwége, découvrit un jour un vieux manuscrit caché dans le creux d'un mur de l'église Saint-Olphe (Olaf). Son clerc, « qui bien savoit la langue du pays, » le lui translata au mieux qu'il put. Suit un récit dont l'action est placée au XIIIe siècle, et que voici en substance : Le roi Ollerich, fils de Ruthegheer, se voyant près de mourir, recommande à l'un de ses plus fidèles serviteurs, Foliant de Jonal, de mettre par écrit et bailler à son fils Rodolphe « la doctrine, la maniere, moyen et pratique que ung bon prince auroit à tenir pour acquerir la grace de nostre Sauveur Jhesu-Crist, bonne renommée et la vraie et entière amour de ses subgectz. » Foliant se conforme aux prescriptions du roi, et ses enseignements sont la matière du livre. — Le *Secret des Secrets d'Aristote* est un traité apocryphe bien connu et qui a été imprimé à la renaissance. — Les *Enseignements de saint Louis à sa fille Isabelle, reine de Navarre*, ont été également publiés plusieurs fois; la dernière édition est celle qu'a donné M. Fr. Michel, à la suite des Mémoires de Joinville. (Paris, F. Didot, 1858.)

11 — 1° **Le Livre de chace de Gaston Phœbus.** — 2° **Le Livre de médecine de tous oiseaux, de Jean de Franchiere.** Vélin, in-fol., rel. en maroquin rouge, renfermé dans un étui. xve siècle.

La première page de chacun de ces deux traités est ornée d'une miniature de présentation. Au bas de ces mêmes pages est placé l'écu de France. En regard du frontispice, un feuillet ajouté contient l'écu de France, quatre F couronnés et la salamandre avec la devise : NVTRISCO ET EXTINGVO. Au-dessous on lit : « Ce livre de chasse, tant de venerie que de faulconnerie, vient du roy François premier. *Donné par ce prince à l'amiral Bonnivet.* » Les mots soulignés sont d'une main postérieure. Ce bel exemplaire est orné presque à chaque feuillet de miniatures représentant diverses scènes de chasse. Il figure sous le n° 56 dans le catalogue de la vente Galitzin.

12 — **La Vie et la Passion Notre-Seigneur,** vélin, in-4°, rel. mar., noir, fil. Fin du xve siècle.

Au frontispice se trouve une grande miniature entourée d'un encadrement un peu rogné par le haut, vignettes très-nombreuses, initiales en or et en couleur. Le volume est terminé par une table des rubriques. D'après le caractère de l'ornementation et de l'écriture, on peut conjecturer que ce volume a été écrit dans le midi de la France.

13 — **Le Curial d'Alain Chartier.** Vélin in-4°, reliure ancienne. Commencement du xvie siècle.

Orné de quatre beaux dessins rehaussés de couleurs et d'initiales à fond d'or. Au verso du dernier feuillet on a appliqué une marque d'imprimeur contenant ces deux légendes : LEX ET REGIO — QUI VOYT S'ESBAT. Sur le premier feuillet de garde a été écrite la liste des « XXII propriétés que doibt avoir ung beau et bon cheval, » et, d'une autre main, un sonnet italien dont le premier vers est celui-ci :

Non voglio non, non voglio, ch'io non posso.

Les gardes de ce volume contiennent en outre plusieurs devises du XVIe siècle : ΕΣΤΟ ΣΥ S. — DE PLUS NON S. — HORS VOUS S. — TODAS MIS PEÑAS NO PARESEN, etc.

Ce livre appartenait au XVIe siècle à Jacques Thiboust, qui fut secrétaire de Marguerite d'Angoulême, reine de Navarre. Sa signature se lit à la dernière page, et le même personnage a écrit sur le plat du volume : « A messire Jaques Thiboust, escuyer, s[r] de Quantilly, notaire et secrétaire du roy esleu en Berry ; a luy donné par Monsr le grenetier de Bourges, Pierre Jobert, s[r] de Souppize. »

14 — **Heures latines.** Vélin, 333 ff. in-8°. Rel. mar. r. fil. et dent. XVe siècle.

Ce splendide manuscrit est orné de 107 grandes miniatures et de 24 vignettes qui accompagnent le calendrier placé en tête du volume. L'exécution des miniatures est remarquable et rappelle le style de Fouquet. Divers indices portent à croire que leur auteur appartenait à l'école de ce peintre illustre : c'est d'abord la science du dessin, l'exactitude de la perspective, la variété des physionomies ; c'est aussi l'usage de placer au fond du tableau un paysage dans lequel on voit ordinairement apparaître une ville flanquée de tours ou un château. D'autre part, un savant, qui a fait de l'œuvre de Fouquet une étude spéciale, M. Vallet de Viriville, nous signale une analogie remarquable entre la Vierge portant l'enfant Jésus qui est représentée au fol. 98 de notre manuscrit, et la Vierge de Melun, peinte par Fouquet, sous les traits d'Agnès Sorel. L'époque enfin à laquelle doit être rapportée l'exécution de ce livre d'Heures, s'accorde avec la conjecture que nous émettons; les costumes que l'on y voit permettent de fixer cette date vers la seconde moitié du règne de Louis XI.

La plus intéressante des miniatures qui ornent ce précieux volume est peut-être l'Annonciation qui se développe sur deux pages aux ff. 42 et 43, circonstance unique dans ce manuscrit. On y voit, indépendamment de l'Ange et de la Vierge, une jeune dame agenouillée au-devant d'un rideau d'azur semé de fleurs de lys. M. Vallet de Viriville pense que cette femme pourrait bien être celle pour qui fut exécuté le livre. Il fonde son opinion sur les dimensions inusitées de ce tableau, sur la présence des fleurs de lys, et surtout d'un écu de France surmonté d'une couronne princière qui est peint au verso même de la miniature dont nous parlons. « Je ne vois, nous dit-il, qu'une princesse à qui puissent convenir ces attributs, c'est Anne de France, fille de Louis XI, née en 1462, mariée en 1474, avec Pierre, duc de Bourbon. » Entre les plus remarquables des miniatures qui ornent ce volume, on peut citer celles-ci : ff. 27, 29, 32, 35 les quatre évangélistes. Saint Luc surtout mérite l'attention; on le voit occupé à peindre la Vierge; — f. 74, l'Ascension; — f. 137, ronde et farandole au son de la flûte et du tambourin; — f. 146, procession; — f. 194, le crucifiement; — f. 211, Bethsabée au bain; le fond de cette miniature est occupé par un château d'une architecture remarquable; — f. 251, le purgatoire; voyez f. 330 le même sujet traité d'une façon différente; — f. 278, « le mawes riche. »

15 — **Heures latines et françaises**. Vélin, hauteur 95 millim., larg. 70 millim. rel. en bazane. xve siècle.

Ornées de six miniatures, dans la première desquelles on voit un enfant chevauchant sur une perche terminée par une tête de cheval sculptée et bridée; encadrements de feuillage, lettres ornées. Les prières françaises commencent ainsi :

Pour moi, pour mes amis et pour trestoute gent
Que Dieux nous doint honneur et maint à sauvement!
Pour le salut des vifs et de ceulx qui mors sont,
Que Dieu son paradis et sa grace nous dont!

Suit la traduction en distiques des psaumes de la pénitence : *Domine ne in furore tuo arguas me.*

Dieu en ton jugement ne m'argüe pas, sire,
En ce siecle present me chastie sans ire.

Vient ensuite « la letanie » commençant par :

Dieu qui es sire posteïs,
Qui ciel et terre et mer feïs.....

Plus loin on trouve dans le même manuscrit des prières à la Vierge, en vers et en prose; la première commence par :

Royne des cieulx glorieuse,
Fille, mere de Dieu precieuse,
Je vien à toy mercy querir.....

16 — **Prières latines et françaises.** in-12, très-belle reliure à compartiments, bois revêtu de cuir. Commencement du xve siècle.

Grandes initiales, ornées de dentelles et de filets; manquent les quatre premiers feuillets qui ont été coupés. La plupart des oraisons contenues dans ce volume sont en français et en vers; le dialecte a un caractère picard assez prononcé. Voici le premier quatrain de l'*Orison de Nostre-Dame* qui commence au deuxième feuillet :

Esjoï te, vierge pucielle
Qui à Dieu fus si pure ancielle
Que par ta sainte dignitet
En ton corps prist humanitet....

Fol. 5. Chi apries ensieut li vie sainte Marguerite :

Apries la sainte passion,
Jhesu Crist, à l'ascencion,
Quant il fut es cielz montés, *etc.*

C'est la légende qui a été publiée récemment par le professeur L. Holland, mais d'après une copie très-imparfaite [1].

FF. 49-55. « Orison de Nostre-Dame, » commençant par :

Royne des chielz glorieuse,
Fille et mere de Dieu precieuse, *etc.*

F. 55. « Orison contre l'epidimie, » :

O saint Sebastien, fin cuer pieu,
Qui de la volentet de Dieu
Fesis jadis en Lombardie
Trois fois cesser l'epidimie, *etc.*

Enfin on trouve dans ce volume une prière ayant la vertu de guérir « de toutes fievres quelles que elles soient » ceux qui la portent sur soi pendant neuf jours; une autre prière en latin « que on doit dire quant on voelt sakier un quarriau hors d'une persone », et nombre d'autres oraisons.

1. *Die Legende der heiligen Margarete*, altfranzœsisch und deutch herausgegeben von W. L. Holland. Hannover, 1863.

17 — **Heures latines**. Vélin, haut. 65 milli., larg. 50 mill., rel. en mar. noir et renfermé dans un étui.

Ornées de vingt miniatures et d'encadements composés de feuillage, d'oiseaux, etc. On lit sur le premier feuillet de garde : *Ce livre a appartenu à la reine Jeanne de Naples;* et sur le second : *Horarium lat. sec.* XV. *Neapoli adlatum.* Il a figuré sous le n° 12 dans la vente Galitzin, en 1825.

18 — **Heures latines.** Vélin, haut. 105 mill., larg. 80 milli. rel. en maroquin vert, renfermé dans un étui. XVe siècle.

Le caractère de l'écriture et de l'ornementation de ce manuscrit donne à croire qu'il a été exécuté en Italie. Il est orné de quinze grandes miniatures et de plusieurs petites, toutes fort bien conservées. Les bordures qui encadrent certaines pages sont à fond doré. Les plantes, oiseaux, insectes qui y sont figurés sont de la plus grande délicatesse et accompagnés d'ombres portées. Les deux premiers feuillets sont légèrement endommagés.

19 — **Heures latines.** Vélin, in-8°, rel. en maroquin rouge semé de fleurs de lys, au dos un écusson rapporté sur lequel est figurée une tour. XVe siècle.

Ornées de onze grandes miniatures et de trente-quatre petites dont vingt-quatre accompagnent le calendrier placé en tête du volume. Chacun des 135 ff. de ce manuscrit est orné au recto et au verso d'une bordure à fond d'or dans laquelle sont peints des plantes, des animaux et des grotesques, tels que singes bottés, oiseaux fantastiques à tête humaine, monstres ayant une mitre d'évêque, etc., le tout exécuté avec une remarquable perfection. Les animaux et les plantes semblent peints d'après nature; plusieurs insectes notamment sont reproduits avec la plus grande exactitude. Certains des sujets représentés sont d'une étrange obcénité. Ces heures ont appartenu à un évêque ou abbé de qui on voit, au bas de la troisième miniature, les armoiries surmontées de la crosse (d'azur à trois étoiles d'or, au croissant d'argent en c ur).

20 — **Heures latines.** Vélin, grandes marges, in-4°, belle reliure en veau fauve à petits fers, mais un peu fatiguée. XVe siècle.

Dix-neuf belles miniatures bien conservées, lettres ornées. Un grand nombre de pages sont encadrées de bordures en feuillage, sans fond; au feuillage se trouvent mêlés des oiseaux, parmi lesquels on remarque à plusieurs reprises la perruche à collier, des insectes, des fruits et des fleurs. Une des miniatures (la quinzième) représente deux personnages, un homme et une femme, vêtus de deuil et agenouillés aux pieds de la Vierge placée entre eux. Devant chacun d'eux se trouve un escabeau sur lequel est posé un livre ouvert; les montants de ces escabeaux sont disposés de façon à recevoir un blason qui est resté en blanc. Au bas du premier feuillet de ce manuscrit on lit cette signature : *Haraucourt, gouverneur de Nancy.*

21 — **Heures latines.** Vélin, in-4°. Reliure en maroquin rouge; XVe siècle.

Dix-huit grandes miniatures. Bordures sans fond composées de feuillages et de fleurs mêlés de grotesques; initiales ornées et historiées. Le calendrier placé en tête du volume est français. Vers la fin du volume il y a plusieurs prières en français et notamment « les XV goies Nostre-Dame » et les « VII requestes Notre-Seigneur. »

22 — **Heures latines**. Vélin, in-8°, relié en maroquin fauve, 182 ff numérotés. xve siècle.

Huit miniatures, lettres ornées, encadrements de feuillage atteints en certains endroits par le couteau du relieur. Le calendrier par lequel s'ouvre ce volume est en français. Il y a aux feuillets 158-168 une prière à la Vierge en quarante-cinq sixains. Voici le premier :

Glorieuse Vierge royne
En qui par la vertu divine
Jhesu Crist print humanité,
Tu qui es fontaine et racine
De tous biens, mon cuer enlumine,
Douce dame, par charité.

Il paraît manquer un feuillet entre les folios 153 et 154.

23 — **Heures latines.** Vélin, in-8° carré, rel. en parchemin. xve siècle.

Ornées de seize miniatures, dont dix à fond échiqueté, bordures en feuillage sans fond. Les deux derniers cahiers, dépourvus d'ornements, semblent d'une autre main que le reste du manuscrit. Le calendrier par lequel s'ouvre le volume est en français. Vers la fin se trouvent la prière française des quinze joies Notre-Dame et « les sept requestes des .V. plaies Nostre Seigneur. » Au bas du premier feuillet se lit la signature *Jamet*, 1748, et au dernier feuillet la même main a écrit : 20 *juillet* 1748. Jamet (François-Louis), bibliophile bien connu du siècle dernier, est l'auteur d'un recueil de vers et de prose intitulé *Stromates* (Bibl. imp., fonds français 15362-3), sur le premier feuillet duquel on distingue encore, bien qu'à demi-effacée, la même signature.

24 — **Heures latines**. Vélin, in-8°, reliure moderne en maroquin rouge. XVe siècle.

Ornées de sept grandes miniatures et de vingt-deux petites. Les pages où elles se trouvent sont entourées de bordures médiocrement exécutées. Les petites miniatures sont d'un style meilleur que les grandes.

25 — **Heures latines**. Vélin, in-8, couvert en écaille. Commencement du XVIe siècle.

Ce livre est écrit en lettres carrées imitant avec une grande perfection l'impression en caractères romains. Il est orné de quinze grandes miniatures en camaïeu, d'un fini achevé, et généralement bien conservées; l'une seulement (Jésus dans la crèche) présente des traces de retouches maladroites. En outre, le calendrier placé en tête du volume contient, comme un grand nombre de livres d'heures, douze miniatures occupant la partie supérieure des pages et où sont représentés les attributs de chaque mois. Les noms des saints sont alternativement azur et carmin; les fêtes principales sont en lettres d'or. Chaque page est entourée d'un encadrement en camaïeu à fond d'or pour le recto, d'argent ou de sable pour le verso. On y voit les lettres E F G répandues à profusion dans les replis formés par une cordelière. Ce livre d'heures paraît, tant à cause de la cordelière que du caractère de l'ornementation, avoir été exécuté pour une veuve. Le volume se termine par cette rubrique écrite en lettres d'azur : *Sequuntur suffragia plurimorum sanctorum et sanctarum.*

26 — **Heures latines**. Vélin, in-8; reliure ancienne fatiguée; on y voit reproduits à plusieurs reprises deux lambdas entrelacés, sur l'un des plats le mono-

gramme A-V ou A-A, sur l'autre C-C. Commencement du XVIe siècle.

Dix-sept grandes miniatures et plusieurs petites; lettres ornées; caractère romain entremêlé d'italique. Dans l'encadrement de deux des grandes miniatures (la Fuite en Égypte et David pénitent), on distingue un millésime qui paraît être 1527. Un calendrier, placé en tête du volume, va de 1533 à 1554. Au bas de la première miniature, apparaît un monogramme contenant les lettres C. L. A. V.

27 — **Heures latines.** Vélin, in-8°, rel. en maroquin rouge. Commencement du XVIe siècle.

Trente-trois miniatures, dont quatorze grandes; sur celle qui sert de frontispice, sont figurés deux personnages agenouillés; auprès de chacun d'eux a été réservée la place d'un blason qui, malheureusement, n'a point été exécuté. Les bordures à fond d'or qui ornent chaque feuillet sont d'un travail assez grossier. Vers la fin du volume se trouve une « Oraison de sainct Roch » en vers français; elle commence ainsi :

(1) ... préservateur de la peste,
Sire saint Roch, clere lumiere....

28 — **Heures en bas allemand.** Vélin, petit in-4°. Reliure en veau brun gaufré, fermoirs en cuivre.

Six grandes miniatures, vignettes et lettres historiées en grand nombre; bordures très-variées; les unes sans fond composées de feuillages qui partent des extrémités d'une baguette d'or et d'azur

(1) La lettre initiale, probablement un *O*, est restée en blanc.

placée dans la marge intérieure; d'autres, formées de plantes et de rinceaux entremêlés d'animaux et de grotesques, se détachent sur un fond blanc pointillé de noir, souvent aussi sur fond d'or, d'argent ou de couleur. Les lettres ornées sont alternativement azur et or; les premières sont accompagnées de filets rouges qui parfois s'enroulent en rinceaux et en cordelettes de façon à border tout un côté des pages.

29 — **Schoene trostreiche cristliche andechtige und Catolische Gebet für allerley gemeine anligende Noth der gantzen Cristenheit.** Livre de prières en allemand, petit in-8° rel. en maroquin noir, très-rogné. XVIIe siècle.

Orné de cinq miniatures dont la dernière représente sainte Anne en costume de paysanne de la Souabe.

30 — **Prières de la Messe**, écrites par N. Jarry, vélin, in-12, rel. en mar. rouge aux armes de Seguier. 1633.

Ornées d'une belle miniature représentant saint Dominique agenouillé. Une note, deux fois transcrite, au commencement et à la fin du volume, et datée du 17 août 1799, nous apprend que ce livre fut exécuté « pour Dominique Seguier, évêque de Meaux, qui baptisa Louis XIV. » A la fin du volume on lit en lettres d'or : N. IARRY FECIT 1633. C'est le plus ancien manuscrit qu'on possède de Jarry, au moins est-il indiqué comme tel dans la nouvelle édition du *Manuel du Libraire* (t. III, p. 512). Il provient de la vente Chardin (1823), où il figurait sous le n° 131.

31 — **Recueil de statuts** à l'usage des podestats de la république de Venise, in-4°, vélin, couvert d'ais en bois. XVIIIe siècle.

Orné d'une grande miniature. En tête du recueil est la commission de podestat de Brescia donnée à Lodovico Manin, de Lodovico : « Marcus Foscarenus, Dei gratia dux Venetiarum, commetemo a tè nobil homo Lodovico Manin de Lodovico, diletto cittadin e fedel nostro, che in nome del signor nostro Iesù Christo vadi e sii de nostro mandato podestà a Brescia, etc. »

32 — **Liber amicorum Joannis Jacobi von Staal.** Album d'autographes formé des *Devises héroïques* de Claude Paradin (Anvers, Plantin MDLXI) et des *Heroïca symbola* du même (Antverpiæ, ex officina Christophori Plantini, MDLXII), réunis sous une même couverture de parchemin et interfoliés de papier. Sur un des plats de la reliure on lit : AMICOR. IN HELVET. GALL. VTRAQ. GERMA. ET ANGLIA COGNITORVM MEMORIÆ; sur l'autre : JO. JAC. A STAL. P. S. HVNC LIBRVM CONSECRAVIT LVTETIÆ 67. 14 IVN.

Les blancs des deux volumes réunis pour composer cet album et les nombreux feuillets qui y ont été ajoutés sont remplis d'autographes. Les plus anciens sont datés de 1565, le plus récent de 1620. Au commencement du volume sont placés quelques feuillets de vélin qui contiennent d'intéressants renseignements sur la vie et les nombreuses pérégrinations de J. J. Staal. On y trouve trois pages écrites en 1620 par Robert Myron, conseiller du roi Louis XIII et son ambassadeur en Suisse, en l'honneur de J. J. von Staal, alors défunt, et à la prière de son fils, qui porte les mêmes prénoms; J. J. von Staal le père y est qualifié de *quondam solodorensis patritii, vexillo et ærario præfecti*. Aux ff. 7 et 8 se trouvent les autographes de J. de Bellièvre et de Meric de Vic (daté de 1603), ambassadeurs de

Henri IV en Suisse; Fol. 11-12, Chilian Berthold, de Mittelburg, rapporte s'être rencontré avec J. J. von Staal à Paris en 1560, à Reims au sacre de Charles IX en 1561, à Orléans (1562), à Luzarche, à Dôle, où ils se séparent, puis à Paris (1564) ; là ils se quittent de nouveau, Berthold accompagnant le roi, *totam Galliam perlustrantem*, von Staal retournant en Suisse; ils se retrouvent à Paris en 1565 et y passent deux ans; puis ils se rendent en Suisse et se séparent encore une fois à Sempach le 18 août 1567, date de cet autographe. Outre ces voyages, J. J. von Staal dut visiter l'Angleterre en 1566, car les *Devises héroïques* renferment (ff. 17, 68, 75, etc.) plusieurs autographes datés d'Oxford et de Londres. Aux ff. 13, 15 et 16, trois vues de villes; sur l'une on lit « Estampes ; » la troisième paraît être Soissons. — Beaucoup de compatriotes de l'auteur se sont inscrits dans cet Album et y ont fait peindre leurs armes, mais on y rencontre aussi la signature de personnages connus du XVIe siècle. Sur un feuillet intercallé entre les pages 3 et 4 des *Devises héroïques*, on lit : *Joannes Hangestus Noviodunensis episcopus et comes, par Francie*, et au-dessus les armes de ce prélat. — Entre les ff. 5 et 6 deux pièces relatives à la Ligue. En voici les premiers vers :

1° Tandis qu'en France un enfant regnera
Par le conseil d'une femme impudicque,
Qu'à l'Espaignol de nostre republicque
Plus qu'aux Françoys on communicquara, *etc.*

2° Veus-tu sçavoir quel est l'estat de nostre France ?
Un jeune roy mené par ung peuple mal duict,
Mené d'ung Espaignol, d'ung moyne, d'ung faux bruiyt
Mené d'une femme extraicte de Florence, *etc.*

Entre les ff. 14 et 15, épitaphes de Charles, duc de Bourgogne, copiées à Nancy dans la chapelle ducale, par J.-J. Van Staal, en 1567. — A la place du fol. 17 qui a été coupé, un feuillet collé sur onglet contient au recto un hommage *imprimé*, par « Michael Aumontius Grammatopœus, » et daté de 1564. Au verso, dessin colorié de la statue d'Erasme à Rotterdam. — Fol. 106, autographe en latin, en grec, en hébreu, en arabe, de G. POSTEL (1564). —

Symbola heroica, f. 105, RONSARDUS, signature autographe précédée de cette maxime :

ψυχὴν ἔθιζε πρὸς τὰ χρηστὰ πράγματα.

— Fol. 137 v°. Vue de Langres avec cette inscription : *Pierre Tassel pintre à Langre, pour memoire de monsieur Jehan Jaques de l'Estable, j'ay faict cest ville le 1er jour de septembre* 1567. — Fol. 164. Autographe de P. CHIFFLET. — Fol. 168. Copie prise le 20 août 1565, par J. J. von Staal, d'un distique placé au bas d'une statue de Diane de Poitiers au château d'Anet. — A la place du fol. 170, feuillet rapporté contenant un hommage à J. J. von Staal « bonorum librorum helluoni » imprimé par G. Cavellat, imprimeur, en 1564. — Fol. 177. Autographe en lettres d'or, d'ADAM CHARLES, maistre escrivain et notaire royal juré en l'Université de Paris (1567).—Avant le fol. 176, un feuillet rapporté contenant un hommage imprimé par G. MOREL, imprimeur du roi (1564). — Fol. 177. J. GOSSELIN, bibliothécaire du roi à Fontainebleau (1566). — Des feuillets ajoutés à la fin du volume contiennent des autographes d'ADRIEN TURNÈBE (1566); — J. DORAT, « græcarum literarum professor regius » (1566); — HOTMAN; — J. F. CAMERARIUS (1566); — J. CARPENTIER, « regius professor; » — ANDRÉ THEVET, « regius cosmographus et reginæ matris eleemosinarius » (1582); — DEN. LAMBIN, « litterarum græcarum professor regius » (1565); — P. RAMUS (1566); — J. MERCIER, « hebr. literarium regius professor » (1566); — THÉOD. ZWINGER (Bâle, 1580). — Les derniers feuillets contiennent des inscriptions copiées en Angleterre (1566), par J. J. von Staal.

IMPRIMÉS

33 — **Heures à l'usaige de Romme,** avec les figures de la Vie de l'Homme et plusieurs aultres belles figures, ... imprimées nouvellement à Paris par Gillet Hardouyn, libraire, demourant au bout du pont

Nostre Dame, devant Saint Denis de la Chartre, à l'enseigne de la Rose d'or.— In-4°, rel. maroq. rouge, dent. à fermoirs, au monogramme deux C entrelacés; au dos une tour.

Magnifique exemplaire imprimé sur vélin, orné de quatorze miniatures, d'un grand nombre de vignettes peintes, d'initiales en or et en couleur.

34 — **Hore beate Marie Virginis.** Avec calendrier de 1495 à 1508.

Imprimé sur vélin; la mention de l'imprimeur, à la fin du volume, a été grattée, sans doute afin que le livre eût l'apparence d'un manuscrit; elle composait six lignes; à la première on distingue encore les mots : *Beate Marie virginis*, et à la dernière : *decima octobris*. Ces heures ne paraissent point être mentionnées dans Brunet. Elles sont ornées de seize grandes miniatures et de nombreuses vignettes d'une exécution excellente. Les encadrements des pages, au lieu d'être formés de gravures sur bois comme il arrive ordinairement, sont composés, comme dans les heures manuscrites, de rinceaux et de plantes sur fonds variés. On y voit apparaître fréquemment les fleurs de lys au champ d'azur et le monogramme AC.

35 — **Hore diue virginis Marie** *secundum usum Romanum, cum aliis multis... noviter impressis Parisius impensis honesti viri Germani Hardouyn.* Avec calenrier de 1526 à 1541. Rel. en basane, renfermé dans un étui.

Imprimé sur vélin; quatorze grandes miniatures et un grand nombre de vignettes coloriées.

PARIS. IMPRIMERIE DE PILLET FILS AINÉ
5, RUE DES GRANDS-AUGUSTINS.

www.ingramcontent.com/pod-product-compliance
Ingram Content Group UK Ltd.
Pitfield, Milton Keynes, MK11 3LW, UK
UKHW020950220726
13924UKWH00002B/608